Antonia Michaelis

Drachengeschichten

Illustriert von Betina Gotzen-Beek

Zu diesem Buch steht eine Lehrerhandreichung zum
kostenlosen Download bereit unter
http://www.loewe-verlag.de/paedagogen

FSC
Mix
Produktgruppe aus vorbildlich
bewirtschafteten Wäldern,
kontrollierten Herkünften und
Recyclingholz oder -fasern

Zert.-Nr. SGS-COC-2939
www.fsc.org
© 1996 Forest Stewardship Council

ISBN 978-3-7855-6824-8
1. Auflage 2009
© 2009 Loewe Verlag GmbH, Bindlach
Umschlagillustration: Betina Gotzen-Beek
Reihenlogo: Angelika Stubner
Rätselfragen: Sandra Grimm
Printed in Italy (011)

www.leseleiter.de
www.loewe-verlag.de

Inhalt

Das Drachen-Ei 8

Frida Drachenreiterin 17

Der eilige Georg 25

Igor rettet die Welt 34

Das Drachen-Ei

Finn wünschte sich
einen Drachen.

Aus seinem Drachenbuch wusste er,
dass Drachen aus Eiern schlüpften.
Eier hatten sie genug.

Beim nächsten Frühstück
bewahrte Finn
sein hartgekochtes Ei auf.

Er legte es unters Kopfkissen,
damit es schön warm blieb.

Jeden Morgen sah er nach,
ob der Drache schlüpfen wollte.

Aber nichts passierte.

„Finn", fragte seine Mutter.
„Was stinkt so in deinem Zimmer?"

„Das ist der Drache", sagte Finn.
„Ich brüte ein Drachen-Ei aus."

Nach einer Woche stank
der Drache so sehr,
dass Finn im Flur schlief.

„Er ist bestimmt fast reif",
sagte Finn.

Als er am nächsten Tag
aus der Schule kam,
war das Ei weg.

Nur der Gestank
war noch da.

„Mama hat das Ei weggeworfen!",
schrie Finn wütend.

Dann sah er,
dass etwas
neben seinem Bett saß.

Das Etwas war klein und haarig
und hatte einen Zettel
am Halsband.

„Ich bin ein Drache", stand darauf.
„Aber ein getarnter.
Die meisten denken,
ich wäre ein Hund."

Der Drache leckte Finns Gesicht ab.
„Er ist geschlüpft!", rief Finn.
„Und er kann sogar schreiben!"
Finns Eltern guckten überrascht.
Eltern haben ja keine Ahnung.

Wie viele Eier (das Wort Ei oder Eier) zählst du in dieser Geschichte? (Denke an die Überschrift!)

Trage die Antwort am Ende des Buches auf der Rätselseite bei Nummer 1 ein.

Frida Drachenreiterin

Frida liebte Drachen über alles.

Sie sammelte Drachenbücher voller starker, mutiger Helden.

Frida war klein
und schüchtern.
Alle lachten sie deshalb aus.

„Mit einem Drachen",
sagte sie zu ihrer Freundin Lea,
„hätte ich keine Angst, wetten?"

Eines Tages wachte Frida auf
und sah, wie die Drachen
aus den Büchern krochen
und wuchsen.

Da ritt Frida
auf dem allerschönsten
aus dem Fenster.

Die anderen Drachen folgten ihnen.
„Hier kommt Frida!", rief Frida.
„Die Drachenreiterin!"

Und alle Leute erschraken.
Die Kinder in der Schule
versteckten sich unter den Tischen.

Dann spuckten
die Drachen Flammen
und das Schuldach fing Feuer.

„Nein!", rief Frida.
Sie hörte Lea ängstlich schreien
und lenkte die Drachen zurück.

„Geht bloß zurück in die Bücher!",
rief sie.
„Ihr macht alles falsch!"

Draußen heulten die Sirenen.
Frida wollte auch heulen.

Dann entdeckte sie
in einem Buch
das Bild einer magischen Uhr.

Sie drehte die Zeiger eilig zurück –
und es war wieder früher Morgen.
Nichts brannte.

Da entschied Frida,
doch keine Drachenreiterin zu sein.
Klein und schüchtern war besser,
solange nichts brannte.

 Suche ein Wort, das mit „k" beginnt und fast genauso aussieht wie das Wort „Drachen". Wie lautet es?

Trage es auf der Rätselseite bei Nummer 2 ein.

Der eilige Georg

„Unsere Lehrerin hasst Kinder",
sagte Thea.
„Du wirst schon sehen."

Als Papa
vom Elternabend kam,
sah er erschöpft aus.

„Die Frau ist ein Drachen",
sagte Papa.

„Aber Drachen kann man bezwingen.
So wie der heilige Georg.
Der hatte ein Schwert."

Ein Schwert
hatte Thea nicht.

„Gibt es kein Kraut gegen Drachen?",
fragte sie.
„Vielleicht Blumen?"

Thea pflückte
einen Blumenstrauß.

Und in der nächsten Schulpause
versteckte sie sich damit
unter ihrer Bank.

Als alle weg waren,
verwandelte sich die Lehrerin.

Sie bekam Flügel
und Schuppen
und Krallen.

Thea schlich näher.
„Drachen kann man bezwingen",
dachte sie.

Der Drache öffnete das Maul
und sie hielt ihm den Strauß hin.
„Hier!", rief sie. „Für Sie!"

Da geschah etwas Seltsames.
Der Drache schrumpfte.

Vor Thea saß wieder die Lehrerin.
Sie lächelte.
„Das ist aber nett!", sagte sie.
„Ich dachte, keiner mag mich?"

Von da an
war die Lehrerin viel netter.

Und Thea pflückte jeden Tag
einen frischen
Anti-Drachen-Strauß.

„Vielleicht", sagte sie zu Papa,
„hat der eilige Georg dem Drachen
eigentlich auch Blumen geschenkt."
Papa nickte.
Die Geschichte mit dem Schwert
hatte er nie ganz geglaubt.

Der Lehrerin wächst etwas, als sie sich in den Drachen verwandelt. Welches der drei Dinge hat die meisten Buchstaben?

Trage das Wort auf der Rätselseite bei Nummer 3 ein.

Igor rettet die Welt

Der kleine Drache Igor
wohnte in einer Höhle
unter der Bücherei.

Igor liebte
alle Drachen-Bücher.

Die Drachen in den Büchern
kämpften gegen Ungeheuer
und retteten dauernd die Welt.

Igor wollte auch
die Welt retten.

„Wieso sind hier
keine Ungeheuer?",
fragte Igor.

Igors Vater überlegte lange.
Dann kam ihm eine Idee.

Am nächsten Morgen
wurde Igor von einem
lauten Brüllen geweckt.

Er ging zum Höhleneingang
und sah nach, was das war.

Draußen stand
ein echtes Ungeheuer!

Es war so groß wie Igors Vater
und schwarz von oben bis unten.
Sogar mit schwarzer Sonnenbrille.

„Ich vernichte jetzt die Welt!",
rief das Ungeheuer.

„Nein!", rief Igor.
Dann holte er tief Luft
und spuckte Feuer.

Es war nur
eine winzige Flamme,
die Igor spuckte.

Aber das Ungeheuer erschrak.
„Hilfe!", schrie es
und rannte weg.

Igor jagte es bis zum Wald.

Dann drehte er um
und ging zurück in die Höhle.

Igors Vater kam etwas zu spät zum Frühstück.

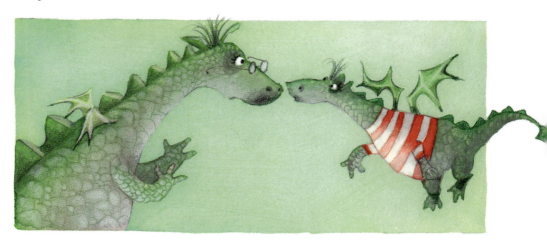

„Ich hab gerade
ein Ungeheuer besiegt
und die Welt gerettet",
sagte Igor glücklich.

„Wirklich?", fragte Igors Vater.
An seiner Schnauze
klebte etwas schwarze Farbe.
Aber das merkte Igor nicht.

In dieser Geschichte gibt es ein Wort, das zweimal einen doppelten Buchstaben hat. Wie lautet es?

Trage es auf der Rätselseite bei Nummer 4 ein.

Antonia Michaelis wurde 1979 in Kiel geboren. Fünf Jahre später begann sie, ihre Umwelt mit (damals noch unleserlichen) Büchern zu überschwemmen. Seitdem hat sie immer weitergeschrieben: während ihrer Schulzeit in Augsburg oder auf ihren zahlreichen Auslandsreisen. In England ließ sie sich inspirieren von der englischen Literaturgeschichte, die sie in ihrem ersten großen Kinderroman „Die wunderliche Reise von Oliver und Twist" verarbeitete. Die Autorin lebt im Nordosten Deutschlands.

Betina Gotzen-Beek, geboren 1965 in Mönchengladbach, schlug beim Malen im Kindergarten alle Rekorde; später zu Hause musste die Kinderzimmertapete dran glauben. Nach vielen Reisen durch Europa studierte sie Malerei und Grafikdesign. Seit 1996 illustriert sie Kinderbücher und lebt heute mit ihrer Familie in Freiburg.

Mehr über die Illustratorin erfahrt ihr unter: *www.gotzen-beek.de*

Knacke das Rätsel!

Sammle von Geschichte zu Geschichte die Antworten zu den Fragen und trage sie hier ins Kreuzworträtsel ein. Das Lösungswort verrät dir, woran man Drachen aus der Ferne erkennen kann. Was ist es?

Kleine Hilfe: ü = ue
Das Lösungswort heißt:

1	2	3	4	5	6	7	8

Lesen, rätseln, Punkte sammeln!
Schau einfach mal rein unter www.leseleiter.de: Dort kannst du mit den Lösungswörtern aus den Lese-Rallye-Büchern wertvolle Punkte sammeln und sie gegen tolle Leseleiter-Prämien eintauschen. Viel Spaß!